LA BATALLA DE GETTYSBURG

El momento clave de la guerra de Secesión

Por Michaël Antoine
En colaboración con Thomas Jacquemin
Traducido por Marina Martín Serra

Historia en50MINUTOS.es

LA BATALLA DE GETTYSBURG

DATOS CLAVE

- **¿Cuándo?** Del 1 al 3 de julio de 1863.
- **¿Dónde?** Al sur de Gettysburg (estado de Pensilvania, Estados Unidos).
- **¿Contexto?** La guerra de Secesión o guerra civil estadounidense (1861-1865).
- **¿Beligerantes?** La Unión (norte de los Estados Unidos actuales) contra los Estados Confederados del sur de los actuales Estados Unidos.
- **¿Principales protagonistas?**
  - Robert Edward Lee, general comandante supremo de las tropas confederadas (1807-1870).
  - George Edward Pickett, general confederado (1825-1875).
  - George Gordon Meade, general comandante supremo del Ejército del Potomac de la Unión (1815-1872).
- **¿Resultado?** Victoria de la Unión.
- **¿Víctimas?**
  - Bando unionista: cerca de 3000 muertos, 15 000 heridos y 5000 prisioneros.
  - Bando confederado: cerca de 5000 muertos, 13 000 heridos y 6000 prisioneros.

INTRODUCCIÓN

La batalla de Gettysburg enfrenta a las tropas de la Unión con las tropas confederadas durante la guerra de Secesión o guerra civil estadounidense. Este combate por tierra, que gana el Ejército nordista, es considerado a menudo como uno de los momentos clave de la guerra y uno de los más sangrientos del conflicto. Tanto en un bando como en otro, las pérdidas son particularmente cuantiosas.

La nación estadounidense, que todavía es muy joven, vive una profunda crisis en los años 1860, en la que se enfrentan muchos estados por la cuestión de la esclavitud: mientras que los estados situados en el norte desean abolirla, los del sur se oponen ferozmente, ya que temen por su economía, basada en una sociedad agraria en la que la explotación de esclavos resulta fundamental. De esta disputa nacen dos facciones: la Unión, que abarca a los estados del norte, y la Confederación, compuesta por los 11 estados que han decidido llevar a cabo la secesión.

Desde el principio de la guerra hasta mediados del año 1863, los ejércitos del general confederado Robert Edward Lee dominan a las tropas unionistas, aunque no ganan ninguna batalla decisiva. Este último, que quiere asestar el golpe definitivo al enemigo, ordena a sus ejércitos que avancen en territorio unionista. Las tropas nordistas, decididas a impedir que amenacen Washington, se encuentran de forma casual el 1 de julio de 1863 con el Ejército confederado en Gettysburg. A ello le siguen tres días de batalla en los que los sudistas intentan en vano atravesar las defensas de los Ejércitos nordistas, que resisten a duras penas. El 3 de julio de 1863, el general Robert Edward Lee se da cuenta de que los combates son en vano y particularmente sangrientos, por lo que se resuelve a batirse en retirada y acepta la derrota.

CONTEXTO

LA ABOLICIÓN DE LA ESCLAVITUD Y LA SECESIÓN

La guerra de Secesión ve cómo Estados Unidos se divide en torno a la cuestión de la esclavitud. A partir de los años 1850, la brecha que separa los estados nordistas, abolicionistas, y los estados sudistas, esclavistas, se vuelve insuperable. En el norte del país, la abolición de la esclavitud se considera necesaria para un país que predica la igualdad y la libertad, mientras que en el sur los estados se oponen totalmente a esta idea, ya que su economía agrícola depende de ello. Para ellos, la mano de obra es absolutamente necesaria para el cultivo del algodón.

Las tensiones entre norte y sur alcanzan su punto álgido en 1860, cuando el candidato republicano Abraham Lincoln (1809-1865) se convierte en el decimosexto presidente de Estados Unidos. Durante la campaña electoral, ningún estado del sur le ha brindado su apoyo, ya que este se muestra profundamente contrario a la esclavitud. Estos, que se niegan a obedecer a un hombre cuyas convicciones son opuestas a las suyas, deciden llevar a cabo una secesión, siguiendo los pasos de Carolina del Sur, el primero en hacerlo. A partir del 4 de febrero de 1861, se crean los Estados Confederados de América, dirigidos por un presidente provisional, Jefferson Davis (1808-1889), que se instala en la nueva capital, Richmond.

Por su parte, Abraham Lincoln rechaza la separación que le

imponen los estados del sur y se plantea emplear la fuerza para llevarlos de vuelta a la Unión. Así, los dos bandos deben prepararse para una guerra que parece inevitable. No obstante, las metas son distintas para las dos entidades que van a enfrentarse:

- el sur secesionista no busca conquistar el norte, sino que solo quiere conservar su tipo de sociedad y su economía. De esta manera, la estrategia que se pone a punto consiste en agotar a los nordistas hasta que se proclame la paz;
- por su parte, el norte abolicionista desea demostrar que es poseedor de la verdad y que la esclavitud se opone a los valores que defiende Estados Unidos. Para ello, la destrucción de la Confederación debe ser completa.

RELACIONES DE PODER

Ambos bandos creen que la guerra no durará mucho. Cada uno cuenta con unas virtudes que pueden hacer que la balanza se incline de su lado. Los sudistas están en inferioridad numérica —los estados secesionistas solo suman 5 450 000 habitantes— y tienen una industria débil, pero disponen de excelentes soldados y oficiales. Además, los confederados, a los que Europa considera una nueva nacionalidad, despiertan simpatía en una época en la que el nacionalismo alcanza su apogeo. Para acabar, la Confederación tiene como última ventaja la cohesión de su territorio, algo que le permite no dispersar sus fuerzas.

Los unionistas son numéricamente superiores —18 950

000 personas viven en la Unión—, disponen de excelentes industrias, de un ferrocarril desarrollado y de una economía fuerte. De hecho, estas múltiples ventajas impiden que los europeos intervengan a favor de los sudistas. Sin embargo, Abraham Lincoln y su Gobierno experimentan muchas dificultades para movilizar los hombres y los recursos necesarios para un conflicto que parece lejano para muchos. Para acabar, una clara desventaja es que la Unión no cuenta con tropas tan cualificadas como su enemigo.

LOS INICIOS DE LA GUERRA

La guerra de Secesión empieza el 12 de abril de 1861. Rápidamente, las tropas de la Unión cierran las fronteras de los estados secesionistas e instauran un bloqueo naval para asfixiar la economía del enemigo. Pero el comandante supremo de los confederados, Robert Edward Lee, que es un excelente táctico, logra derrotar a las tropas del norte. Sin embargo, cada éxito confederado cuesta muchas vidas humanas. Así, Robert Edward Lee es consciente de que los confederados deben darse prisa en obtener una victoria impactante para mejorar la situación en los estados del sur.

ROBERT EDWARD LEE, GENERAL COMANDANTE SUPREMO DE LAS TROPAS CONFEDERADAS

Retrato de Robert Edward Lee.

Nacido en Stratford Hall Plantation (Virginia) en 1807, Robert Edward Lee es un general estadounidense que lidera el Ejército sudista durante la guerra de Secesión. Graduado en la Academia Militar de West Point como oficial de ingeniería, se enrola en el Ejército estadounidense y participa en la guerra contra México (1846-1848), donde ya destaca por sus cualidades de oficial.

Robert Edward Lee, que proviene de una familia adinerada y que es padre de siete hijos, querría que la esclavitud fuera abolida. Aunque se opone a la secesión por considerarla una traición hacia su país, cuando es ascendido al rango de general en el Ejército federal, se niega a tomar las armas contra su estado (Virginia), que justo acaba de unirse al bando de los confederados. Robert Edward Lee, que emancipa a sus propios esclavos en 1861, se enrola entonces en el bando sudista y es nombrado comandante del Ejército de Virginia del Norte antes de convertirse en consejero militar del presidente Jefferson Davis. Destaca por sus cualidades tácticas, por lo que es ascendido a general jefe de los Ejércitos de los Estados Confederados en 1865. A pesar de sus numerosas victorias, no puede impedir la derrota de su bando: así, se ve obligado a firmar la capitulación en Appomattox, en Virginia, el 9 de abril de 1865.

No obstante, Robert Edward Lee está contento cuando se acaba la guerra y se abole la esclavitud. Tras haber jurado fidelidad a Estados Unidos, el antiguo general se convierte a partir de octubre de 1865 en presidente del Washington College, en Lexington. Fallece en 1870, a consecuencia de una neumonía.

GEORGE EDWARD PICKETT, GENERAL CONFEDERADO

Retrato de George Edward Pickett.

Nacido en Richmond (Virginia) en 1825, George Edward Pickett es un general estadounidense fiel a la causa sudista durante la guerra de Secesión.

Graduado en West Point en 1846, empieza su carrera militar en la guerra que enfrenta a Estados Unidos con México. Allí obtiene sus galones de capitán y continúa su carrera en distintas unidades. Al igual que el general Robert Edward Lee, se opone a la esclavitud. Pero tal y como sucede con su comandante supremo, cuando el estado de Virginia proclama la secesión, se enrola en el Ejército confederado. Obtiene sucesivamente el rango de mayor y de coronel, y participa en varios combates donde destaca por su habilidad táctica. En septiembre de 1862, recibe el mando de una división que pertenece al cuerpo del ejército de su amigo el general James Longstreet (1821-1904).

Durante la batalla de Gettysburg, el 3 de julio, George Edward Pickett y su división llevan a cabo una terrible y sangrienta carga. En efecto, de los 15 000 hombres que conforman su división, tres cuartos mueren o resultan heridos. Entre las víctimas, se encuentran 3 generales de brigada y 13 coroneles. George Edward Pickett está completamente desesperado, por lo que es el general Robert Edward Lee quien asumirá la responsabilidad de este desastre. Más adelante, participa en la defensa de la capital confederada, Richmond, y en el asedio de Petersburg. Para acabar, interviene en la batalla de Appomattox, donde acaba derrotado como el resto del Ejército sudista, y huye a Canadá, lugar en el que permanece hasta 1866. Vuelve a Norfolk, donde intenta que lo rehabiliten, y muere el 30 de julio de 1875.

GEORGE GORDON MEADE, GENERAL COMANDANTE SUPREMO DEL EJÉRCITO DEL POTOMAC

Retrato de George Gordon Meade.

George Gordon Meade, nacido en Cádiz (España) en 1815, es un general estadounidense que se mantiene fiel a la Unión durante la guerra de Secesión. Graduado en la prestigiosa escuela de oficiales de West Point, este hijo del cónsul general de Estados Unidos en España elige abandonar el Ejército en 1836 para convertirse en ingeniero civil. En 1842, decide retomar sus funciones y lucha en las filas del Ejército estadounidense contra los indios y, más tarde, contra los mexicanos.

Al principio de la guerra de Secesión, George Gordon Meade es ascendido a general de brigada y participa en varios combates dentro del Ejército del Potomac (principal ejército unionista). Resulta herido en Glendale, se recupera y vuelve a intervenir en nuevas batallas. Aunque es un buen comandante, debe seguir las órdenes del indeciso general Joseph Hooker (1814-1879), que es el responsable de la inesperada derrota en Chancellorsville.

La batalla de Chancellorsville (27 de abril-6 de mayo de 1863) es un enfrentamiento importante en el que el Ejército sudista del general Robert Edward Lee derrota a las tropas del general Joseph Hooker. A pesar de que el enemigo cuenta con superioridad numérica (la relación de hombres es de 2 contra 1 a favor de los nordistas), el general Robert Edward Lee, como hábil estratega, explota a la perfección las debilidades tácticas y las dudas de sus contrincantes. Esta derrota sorpresa provoca que el presidente Abraham Lincoln retire su confianza a Joseph Hooker, que dimitirá de su puesto durante el mes de junio de 1863.

En junio de 1863, el presidente Abraham Lincoln acepta la dimisión de este último y lo sustituye por George Gordon Meade, que obedece a regañadientes, ya que no se siente capaz de liderar un ejército. Sin embargo, es él quien asume el mando del Ejército nordista en la batalla de Gettysburg, en la que logra explotar el terreno de forma inteligente para obstaculizar las violentas ofensivas que ordena el general Robert Edward Lee. Aunque finalmente gana esta sangrienta batalla, George Gordon Meade no se atreve a perseguir al Ejército sudista, que se bate en retirada, por miedo a volver a sufrir numerosas pérdidas. De hecho, la guerra todavía no ha acabado y, de 1863 a 1865, lidera el Ejército del Potomac y contribuye a las ofensivas nordistas contra la Confederación. Al final de la guerra, este excelente oficial prosigue su carrera militar al mando de distintas unidades del Ejército estadounidense antes de fallecer en 1872 a causa de una neumonía.

ANÁLISIS DE LA BATALLA

EXPORTAR LA GUERRA AL NORTE PARA OBTENER LA PAZ

Desde el inicio de la guerra, a los sudistas les cuesta obtener resultados decisivos frente a los unionistas. Sin embargo, es fundamental que la batalla no se estanque debido a las numerosas pérdidas que ya han reducido las filas del ejército. Por consiguiente, en mayo de 1863, tras la victoria sudista en Chancellorsville, el general Robert Edward Lee se dirige a Richmond para convencer al presidente Jefferson Davis de la necesidad de desplazar la guerra a los territorios de la Unión. En su opinión, la Confederación podría obtener varias ventajas con ello:

- ante todo, esto permitiría respirar al estado de Virginia, donde se desarrollan muchas contiendas;
- el Ejército del Potomac se vería obligado a abandonar las sólidas posiciones que ocupa y tendría que luchar en condiciones que le resultarían mucho menos ventajosas;
- de esta manera, las grandes ciudades del norte (Baltimore, Filadelfia, Washington, Nueva York, etc.) se verían amenazadas;
- sin duda, alzarse con una victoria importante en territorio nordista permitiría convencer a las cortes europeas para que reconocieran diplomáticamente a la Confederación y la ayudaran en su lucha;
- para acabar, una batalla decisiva permitiría iniciar las negociaciones de paz desde una posición dominante.

Estos argumentos convencen a Jefferson Davis y, el 3 de junio, Robert Edward Lee recibe la orden de ejecutar su plan. El Ejército de Virginia del Norte, que parte de Fredericksburg y que está compuesto por entre 75 000 y 80 000 hombres, se dirige hacia el territorio nordista de Pensilvania. Este ejército, reestructurado tras la victoria de Chancellorsville, está conformado por tres cuerpos del ejército y por una poderosa fuerza de caballería. Mientras James Longstreet dirige el 1.er Cuerpo y James Ewell Brown Stuart (1833-1864) la caballería, dos nuevos comandantes son destinados al 2.º y 3.er Cuerpo del Ejército: Richard Stoddert Ewell (1817-1872) al 2.º Cuerpo y Ambrose Powell Hill (1825-1865) al 3.º. Este es el plan de Robert Edward Lee: los cuerpos de ejército, escondidos por el valle de Shenandoah, estarán muy espaciados y tendrán que poner rumbo al norte, cruzar el río Potomac para entrar en Pensilvania y, eventualmente, intentar tomar la capital administrativa de la región, Harrisburg.

¿SABÍAS QUE...?

El Ejército sudista que penetra en territorio enemigo solo lleva unos pocos víveres. Transporta únicamente municiones y debe encontrar el sustento en el lugar. Sin embargo, Robert Edward Lee da a sus hombres órdenes muy estrictas para evitar pillajes. Los propios historiadores del norte reconocerán el buen comportamiento de las tropas confederadas, que contrasta con los saqueos ordenados por los jefes nordistas en territorio sudista. Tanto por su carácter como por su educación, Robert Edward Lee se niega a llevar a cabo una guerra total. Además, sigue albergando la secreta esperanza de que se produzca una reconciliación. Por consiguiente, desea maximizar sus posibilidades.

ERROR Y ESTRATEGIAS

No es hasta el 8 de junio cuando la Unión entiende que el Ejército sudista está utilizando el valle como eje de penetración. El comandante supremo del Ejército del Potomac, Joseph Hooker, que no sabe cuántos hombres componen las tropas enemigas, desea atacar directamente la retaguardia. Sin embargo, el presidente Abraham Lincoln se lo prohíbe porque no quiere dejar desprotegidas las grandes ciudades. Por lo tanto, la estrategia consiste en seguir al enemigo por el flanco y atacarlo cuando se presente la ocasión. Así, Joseph Hooker, que ya no cuenta con la confianza de los jefes unionistas desde su derrota en Chancellorsville, sube hacia el norte y se contenta con crear una barrera entre las grandes ciudades de la Unión y sus enemigos.

En junio de 1863, los dos ejércitos se dirigen al norte de Estados Unidos, pero ignoran donde se sitúa exactamente el otro. El general Joseph Hooker, presionado por el presidente, que quiere destruir al Ejército confederado, duda y no logra averiguar las intenciones de Robert Edward Lee. La población de Pensilvania, que ve cómo se acerca el enemigo, también empieza a sentir miedo. En efecto, del 20 al 26 de junio, los distintos cuerpos espaciados del Ejército del comandante de los confederados cruzan el Potomac. Aunque todo se desarrolla tal y como estaba previsto, el general sudista James Ewell Brown Stuart comete un grave error el 25 de junio: sin haber recibido el beneplácito de Robert Edward Lee, lleva a cabo una incursión con toda su caballería hacia las grandes ciudades unionistas para atemorizar todavía más a la población. Sin embargo, al desplazarse al este del Ejército unionista, ya no puede comunicarse con el comandante supremo, a quien no podrá informar en el momento decisivo.

El 28 de junio, Robert Edward Lee escucha de boca de un espía que el Ejército de Joseph Hooker ha subido hacia el norte. Él pensaba que el Ejército del Potomac se encontraría más al sur, pero constata que, en realidad, está muy cerca. Por lo tanto, decide reunir a sus cuerpos del ejército cerca de Gettysburg para continuar hacia el norte, con el objetivo de llevar a los unionistas hacia un terreno propicio donde podrá derrotarlos. Ese mismo día, Joseph Hooker es sustituido por el general George Gordon Meade, para el desconcierto de este último. Joseph Hooker, que se encontró con la negativa del presidente a emplear refuerzos suplementarios, había enviado dos días antes su carta de dimisión a Abraham Lincoln quien, furioso, la aceptó. Así, George Gordon Meade toma la decisión de mandar a su ejército, compuesto por unos 90 000 hombres, que avance con prudencia hacia el norte para impedir que el Ejército confederado progrese aún más en territorio unionista. El itinerario previsto pasa por la pequeña ciudad de Gettysburg.

DEL 30 DE JUNIO AL 1 DE JULIO DE 1863: ENCUENTRO EN GETTYSBURG

Los dos ejércitos saben que se acerca la batalla, pero desconocen dónde y cuándo tendrá lugar. El 3.er Cuerpo confederado del general Ambrose Powell Hill, que espera al resto del ejército, es quien está más cerca de Gettysburg. Le informan de que existe una fábrica de zapatos en esa ciudad y autoriza a la división del general Henry Heth (1825-1899) a que acuda allí, puesto que los confederados no tienen suficientes. Pero los sudistas se ven superados por el general de brigada de la caballería unionista John Buford, que se ha instalado en la ciudad en posición defensiva. Los generales Henry Heth y Ambrose Power Hill creen que se trata de milicianos y deciden esperar al día siguiente para tomar la ciudad, sin informar al general Robert Edward Lee.

La pequeña división de caballería de John Buford, que espera ver aparecer las fuerzas confederadas, se instala en posición defensiva al oeste de Gettysburg, ya que ha entendido la importancia de esta ciudad por donde pasan al menos doce carreteras. Además, la ciudad, situada entre varias colinas, ofrece una ventaja segura a los defensores unionistas. John Buford, que ha avisado a George Gordon Meade de la presencia enemiga, espera recibir rápidamente su ayuda, ya que, de lo contrario, los puntos elevados de Gettysburg caerán en manos del comandante de los confederados y será difícil echarlo de ahí. Hacia las 8:00, dos brigadas del general Henry Heth aparecen ante los caballeros de John Buford. Estos disponen de un mejor armamento y logran contener a los asaltantes. Cuando empiezan a cobrar ventaja, el cuerpo del ejército unionista del general John Fulton Reynolds (1820-1863) llega al rescate. Pero, poco tiempo después de haber informado a George Gordon Meade de que el enemigo sudista avanzaba en gran número, este cae en el campo de batalla. El anuncio de los enfrentamientos en Gettysburg se extiende rápidamente en ambos bandos.

Los defensores unionistas, que han frenado la amenaza que viene del oeste, tienen que centrarse ahora en el norte, por donde llegan nuevas tropas sudistas. El general Robert Edward Lee, que acaba de llegar al campo de batalla, observa que el sector es más favorable para los unionistas y decide no lanzar un combate general. Sin embargo, la situación es muy cambiante y el frente de la Unión ya se está desmoronando en el norte de la ciudad. Durante la tarde, los confederados no dejan de recibir refuerzos llegados del este y del norte, lo que obliga a las tropas unionistas a retroceder progresivamente hacia el sur, donde se encuentran los puntos elevados de la ciudad. En ese mismo momento, llega el general de la Unión Winfield Scott Hancock (1824-1886), a quien George Gordon Meade le ha encargado que tome el mando del difunto John Fulton Reynolds y que reorganice las tropas. Robert Edward Lee, que no sabe que solo se está enfrentando a una parte del ejército unionista, no se lanza por completo en el combate mientras no estén reunidas todas sus tropas. Así, deja que el general confederado Richard Stoddert Ewell evalúe un posible ataque a los defensores nordistas, que están acorralados en el sur de la ciudad. Este decide no actuar, dado que ya ha perdido a unos 8000 hombres desde por la mañana, y prefiere reponer fuerzas cuando cae la noche.

No obstante, parece que en este primer día de combate los confederados dejan pasar una buena ocasión para aniquilar una parte del Ejército del Potomac antes de enfrentarse al grueso de este.

EL 2 DE JULIO DE 1863: ERRORES DE LOS CONFEDERADOS

Durante la noche, los nordistas aprovechan el final de las contiendas para cavar trincheras que les permitan reforzar sus posiciones en los puntos elevados de la ciudad. Cuando amanece, casi todas las fuerzas sudistas están presentes. Tan solo falta la división de George Edward Pickett, mientras que, en el bando enemigo, todavía están esperando los refuerzos. El comandante de los confederados, Robert Edward Lee, tiene muy claro que va a combatir al enemigo que ha reforzado su posición en las alturas al sur de Gettysburg, a pesar de que su subordinado, el general James Longstreet, muestra su desacuerdo. En efecto, este último piensa que los sudistas van directos a la catástrofe y que valdría más luchar en un lugar que les fuera más favorable. Convencido de que su elección es la acertada, Robert Edward Lee prepara su plan de ataque en el que:

- el 1.er Cuerpo de James Longstreet se posiciona furtivamente al suroeste del Ejército de la Unión para tomarlo por el flanco y frenarlo;
- en ese mismo momento, una división del 3.er Cuerpo y dos divisiones del 2.º Cuerpo efectúan un ataque de diversión en el centro y a la derecha del frente unionista para impedir que se envíen refuerzos hacia el flanco izquierdo,

donde se producirá el ataque principal. Si se presenta la ocasión, esta diversión podría llegar a convertirse en un asalto de verdad.

Por lo tanto, le corresponde al general James Longstreet el inicio de las operaciones. Sin embargo, este no tiene ninguna prisa en obedecer a las órdenes y solo actúa a partir de las 16:00. Mientras tanto, ha acabado la reunión del Ejército unionista y el general George Gordon Meade ha tenido tiempo de colocar a todo su ejército, que forma un arco que parte del este, pasa por el norte, por el oeste y acaba en el suroeste. Cuando al fin James Longstreet lanza la embestida, no ataca por el suroeste para rodear a los nordistas, sino por el oeste, donde se encuentran las colinas Round Tops y las rocas de Devil's Den. En un terreno extremadamente complicado para ambos bandos, se desarrollan combates cuerpo a cuerpo que están considerados entre los más terribles de la guerra. Por otra parte, por el sur, los combatientes son rodeados por el 15.º Regimiento Confederado de Alabama, que se dirige hacia la colina Little Round Top. Si los sudistas alcanzan a tomarla, podrán instalar su artillería allí y tendrán a todo el frente unionista a tiro. Los unionistas, que identifican el peligro, envían al 20.º Regimiento del Maine, liderado por el coronel Joshua Lawrence Chamberlain (1828-1914). Este llega con sus 386 hombres durante unos combates sangrientos que, de hecho, terminan por una famosa carga con bayoneta, y logra salvar el flanco izquierdo del Ejército unionista, con lo que evita la derrota.

Mientras tanto, en el centro del dispositivo nordista, los

confederados del 3.er Cuerpo logran vencer a las tropas de George Gordon Meade. Sin embargo, dado que el general Ambrose Powell Hill no ha recibido ninguna orden concreta y no cuenta con mucho apoyo, no se atreve a llevar más lejos la ofensiva y decide batirse en retirada. Para acabar, en el flanco derecho de las fuerzas unionistas, las dos divisiones del 2.º Cuerpo de Richard Stoddert Ewell, que debían atacar al mismo tiempo que James Longstreet, empiezan el asalto hacia las 17:00, ya que no han escuchado el cañonazo que debía marcar el inicio del ataque. Estas se encuentran con trincheras y con una potente artillería que las aplasta cuando llegan a las cuestas.

Cuando cae la noche, cesan los enfrentamientos. Ha fracasado la ofensiva que pretendía derrocar el frente unionista. En parte, esto se debe a la mala coordinación de los tres ataques confederados, pero también a la rapidez con la que los unionistas envían refuerzos donde más hacían falta. Sin embargo, en esta noche del 2 al 3 de julio, Robert Edward Lee decide continuar la lucha mientras que el general James Longstreet vuelve a expresar su deseo de abandonar. Para el primero, está claro que el Ejército sudista debe destruir al nordista, ya que el destino de la Confederación depende de ello.

En el bando nordista, los generales celebran un consejo de guerra, donde se decide por unanimidad, y a pesar de las pérdidas considerables, que se mantendrá la posición y se esperará de nuevo el ataque del Ejército enemigo. Por consiguiente, George Gordon Meade aprovecha la noche para reforzar el ala izquierda y el centro de su dispositivo, donde

cree que se producirá la ofensiva principal del enemigo al
día siguiente.

EL 3 DE JULIO DE 1863: LA CARGA DE GEORGE EDWARD PICKETT

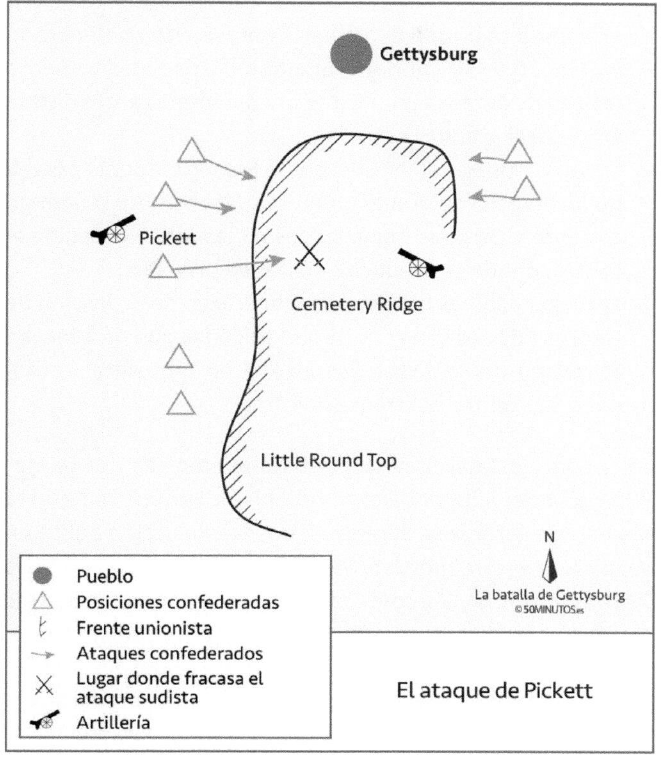

El 3 de julio, en el bando sudista, la división de George

Edward Pickett por fin se ha unido a las filas del 1.er Cuerpo de James Longstreet. Además, James Ewell Brown Stuart por fin ha logrado reunirse con el Ejército confederado, pero sus hombres están completamente agotados.

El plan de batalla del día consiste en:

- ordenar a casi toda la artillería del Ejército confederado (entre 130 y 150 cañones) que bombardee masivamente la línea de defensa unionista para debilitarla antes de que empiece el ataque real;
- lanzar de nuevo al 2.º Cuerpo de Richard Stoddert Ewell por la derecha del frente unionista para incitar al enemigo a mantener tropas importantes en las alas y descuide el centro, donde se producirá el ataque principal;
- encargar a James Longstreet el liderazgo de la división de George Edward Pickett y de seis brigadas que pertenecen al cuerpo de Ambrose Powell Hill en un asalto frontal contra el centro del frente nordista.

Tal y como estaba previsto, la batalla empieza por la mañana a la derecha del frente unionista. No obstante, esta ala ha sido reforzada durante la noche y la acción bélica en seguida se vuelve muy intensa. La contienda dura al menos 7 horas y, al final, los confederados son repelidos. Mientras tanto, se han situado los cañones del Ejército sudista frente al centro nordista y entran en acción justo después de las 13:00. Los unionistas, que han observado los preparativos del ataque, también han reunido 80 cañones para replicar.

A continuación, durante casi dos horas, se lleva a cabo el duelo de artillería más increíble que se haya vivido jamás en Estados Unidos. Aunque los disparos de los cañones sudistas están perfectamente ajustados, los artilleros comenten el error de no concentrarse en el saliente donde se efectuará el asalto. A las 15:00, cuando se han agotado las municiones confederadas, los 15 000 hombres guiados por George Edward Pickett se lanzan hacia las alturas donde se encuentra el centro del Ejército del general George Gordon Meade.

Imagen que muestra la carga de Pickett.

Los artilleros unionistas esperan que estos estén a tiro para abrir fuego con sus cañones, cuyos obuses arrasan las filas sudistas. A continuación, es la infantería nordista la que dispara. Las filas de la división del general confederado están asoladas, pero logran alcanzar las alturas de Cemetery Ridge. Entonces, el general nordista Winfield Scott Hancock reacciona rápidamente y envía un violento contraataque contra el puñado de asaltantes que sigue vivo. A las 15:30, la mitad de los hombres liderados por George Edward Pickett yace en el campo de batalla, mientras que la otra mitad se repliega hacia el bando sudista. La división acaba de perder a las tres cuartas partes de sus efectivos y a una gran cantidad de oficiales. El general sudista Robert Edward Lee, muy afligido, reconoce que se ha perdido la batalla y que es hora de pensar en la retirada.

Soldados de la Unión muertos en el campo de batalla de Gettysburg, fotografiados el 5 de julio de 1863.

El bando nordista respira aliviado. George Gordon Meade sabe que su enemigo ha sido derrotado, pero no aprovecha para atacarlo, algo que Abraham Lincoln le reprochará más adelante. En efecto, considera que las pérdidas han sido muy numerosas en ambos bandos y teme sobre todo que Robert Edward Lee le ponga una trampa si lanza una nueva ofensiva. En la noche del 4 al 5 de julio, desaparece la amenaza sobre las grandes ciudades de los estados del norte.

REPERCUSIONES

Sin lugar a dudas, la batalla de Gettysburg es la más sangrienta de la guerra de Secesión, puesto que se producen al menos 20 000 pérdidas en cada bando. Las repercusiones para la Confederación son, sobre todo, anímicas y políticas. En efecto, los sudistas, que acaban de proporcionar un esfuerzo considerable, no han podido derrotar al Ejército nordista. Se esfuma la esperanza de una victoria y de la negociación con el norte de una paz favorable. No obstante, el prestigio del comandante supremo sigue intacto, a pesar de la derrota. Los sudistas confían plenamente en él, pero saben que ya no podrán llevar a cabo una nueva ofensiva en territorio unionista por falta de recursos. A partir de ahora, se dejará la iniciativa a la Unión y los sudistas se limitarán a una guerra defensiva. Tras la derrota de Gettysburg, los confederados también pierden cualquier esperanza de obtener ayuda por parte de las cortes europeas. Estas últimas, al observar que la guerra empeora para la Confederación, no la reconocen y jamás la socorrerán.

En el bando nordista, primero reina el entusiasmo, pero este sentimiento dura poco. En cuanto se difunde la información de que el Ejército de Robert Edward Lee no ha sido destruido, se acaba la felicidad. Sin embargo, cabe señalar que la victoria de Gettysburg, junto con la del general Ulysses Simpson Grant (1822-1885) en Vicksburg el 4 de julio de 1863, despierta a los dirigentes de la Unión y los anima a retomar la ofensiva. Así, de la segunda mitad de 1863 hasta la capitulación de la Confederación en 1865, la Unión no dejará de efectuar ataques contra un enemigo a quien no le queda otra opción que defenderse.

Para acabar, cuatro meses después de la batalla de Gettysburg, el 13 de noviembre de 1863, el presidente Abraham Lincoln aparece en el campo de batalla y pronuncia un discurso durante la inauguración del cementerio de Gettysburg, donde descansan las víctimas de ambos bandos. En esta famosa alocución emotiva, el decimosexto presidente de Estados Unidos rinde un pequeño homenaje a las víctimas de uno y otro lado y apela a los valores fundacionales de la nación estadounidense, es decir, la igualdad y la libertad.

EN RESUMEN

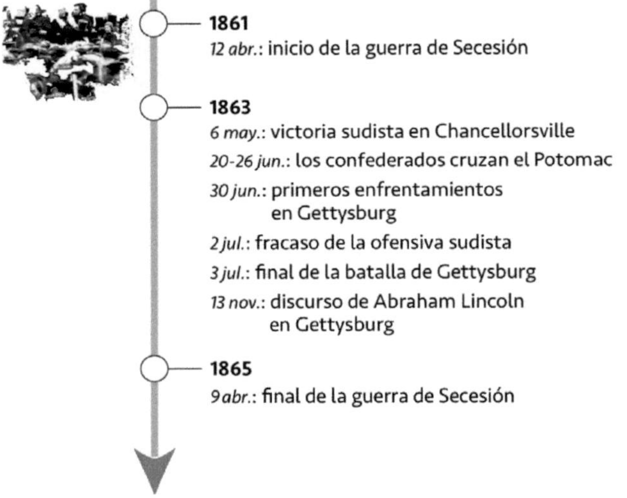

1861

12 abr.: inicio de la guerra de Secesión

1863

6 may.: victoria sudista en Chancellorsville

20-26 jun.: los confederados cruzan el Potomac

30 jun.: primeros enfrentamientos en Gettysburg

2 jul.: fracaso de la ofensiva sudista

3 jul.: final de la batalla de Gettysburg

13 nov.: discurso de Abraham Lincoln en Gettysburg

1865

9 abr.: final de la guerra de Secesión

La batalla de Gettysburg © 50MINUTOS.es

- A partir de los años 1850, la nación estadounidense vive una profunda crisis en la que se enfrentan muchos estados acerca de la cuestión de la esclavitud. Mientras que los estados del norte desean abolirla, los estados del sur quieren mantenerla para proteger su economía.

- Las tensiones entre ambos bandos alcanzan su punto álgido con la elección de Abraham Lincoln, el 4 de marzo de 1861. Los estados del sur, que se niegan a obedecer a un abolicionista, deciden llevar a cabo una secesión y eligen a un presidente provisional, Jefferson Davis.

- Por consiguiente, Abraham Lincoln, que rechaza la separación, está listo para emplear la fuerza con el objetivo de que el sur vuelva a la Unión y, el 12 de abril de 1861, estalla la guerra de Secesión.

- En junio de 1863, el general Robert Edward Lee convence a Jefferson Davis para llevar a cabo la guerra en territorio unionista con el objetivo de decidir allí el destino de la guerra.
- El 8 de junio, el Ejército unionista se lanza a perseguir a su enemigo y espera el momento adecuado para atacarlo.
- El 28 de junio, cuando el enfrentamiento se acerca, Joseph Hooker dimite y es sustituido por George Gordon Meade.
- Dos días después, tiene lugar el primer encuentro entre los dos bandos en Gettysburg.
- El 1 de julio, la primera línea de cada ejército se enfrenta, pero los confederados no se atreven a lanzar una ofensiva de envergadura mientras el grueso de sus tropas no esté reunido.
- El 2 de julio, tras una resistencia heroica por parte de las tropas unionistas, los confederados no logran tomar ventaja sobre su enemigo por falta de coordinación.
- Por la noche, mientras que el general Robert Edward Lee decide llevar a cabo el asalto final al día siguiente, el Estado Mayor unionista opta por resistir. El 3 de julio, tras un importante combate de artillería, las unidades confederadas atacan el centro del dispositivo enemigo.
- Los unionistas logran resistir y vencen en algunos sangrientos combates.
- Robert Edward Lee, consciente de la importancia de las pérdidas sufridas y de su derrota, acepta la victoria enemiga y decide batirse en retirada.

PARA IR MÁS ALLÁ

FUENTE BIBLIOGRÁFICAS

- Belperron, Pierre. 1947. *La guerre de Sécession (1861-1865). Ses causes et ses suites*. París: Plon.
- Bowman, John Steward. 1994. "Lee, Robert Edward". *Who Was Who in the Civil War*. Nueva York/Avenel: Crescent Books.
- Bowman, John Steward. 1994. "Meade, George Gordon". *Who Was Who in the Civil War*. Nueva York/Avenel: Crescent Books.
- Bowman, John Steward. 1994. "Pickett, George Edward". *Who Was Who in the Civil War*. Nueva York/Avenel: Crescent Books.
- Catton, Bruce. 2002. *La guerre de Sécession*. París: Édition Payot & Rivages.
- Duncan, Andrew Campbell. 2007. "La guerre de Sécession". *Revue d'histoire du XIXe siècle*, n.º 35.
- Keegan, John. 2011. *La guerre de Sécession*. París: Perrin.
- Kennett, Lee. 1997. *Gettysburg. 1863. Le tournant de la guerre de Sécession*. París: Économica.
- Portes, Jacques. 2010. *Histoire des États-Unis. De 1776 à nos jours*. París: Armand Colin.
- Venner, Dominique. 1995. *Gettysburg*. Mónaco: Éditions du Rocher.
- Vallaud, Dominique. 1995. "Gettysburg". *Dictionnaire historique*. París: Fayard.
- Vallaud, Dominique. 1995. "Lee, Robert Edward". *Dictionnaire historique*. París: Fayard.

FUENTES COMPLEMENTARIAS

- Ameur, Farid. 2013. *La guerre de Sécession*. París: Presses universitaires de France.
- Barker, Alan. 1964. *La guerre de Sécession*. París: Seghers.
- Illiez, Pierre. 1980. *L'autorité discrète de Robert Lee ou les victoires manquées de la guerre de Sécession*. París: Perrin.
- Reardon, Carol. 1997. *Pickett's Charge in History and Memory*. Chapel Hill: University of North Carolina Press.
- Sauers, Richard. 2003. *Gettysburg: the Meade – Sickles controversy*. Washington DC: Brassey's.
- Salmon, John. 2007. *Historic Photos of Gettysburg*. Nashville: Turner Publishing Company.
- Symonds, Craig. 2001. *American Heritage. History of the Battle of Gettysburg*. Nueva York: Harper Collins.

FUENTES ICONOGRÁFICAS

- Retrato de Robert Edward Lee. La imagen reproducida está libre de derechos.
- Retrato de George Edward Pickett. La imagen reproducida está libre de derechos.
- Retrato de George Gordon Meade. La imagen reproducida está libre de derechos.
- Imagen que muestra la carga de Pickett. La imagen reproducida está libre de derechos.
- Soldados de la Unión muertos en el campo de batalla de Gettysburg, fotografiados el 5 de julio de 1863.

OBRAS ARTÍSTICAS

- de Thulstrup, Thure. 1887. Battle of Gettysburg. Washington: Biblioteca del Congreso, departamento de imágenes y fotografías.

  De Thulstrup es un ilustrador estadounidense, que vivió entre 1848 y 1930.

- Shaara, Michael. 2011. Ángeles asesinos. Madrid: Bibliópolis.

  Se trata de una novela histórica.

- Gettysburg. Dirigida por Ronald Maxwell, con Tom Berenger, Martin Sheen y Jeff Daniels. Estados Unidos: 1993.
- Corteggiani, François y Michel Blanc-Dumont. 2013. Cómic *La juventud de Blueberry. Gettysburg*. Barcelona: Norma Editorial.

MUSEO Y EDIFICIO CONMEMORATIVO

- El Gettysburg National Military Park, en Pensilvania, Estados Unidos.

en50MINUTOS.es
Historia
Economía y empresa
Coaching
Book Review
Salud y bienestar
EL DIAGRAMA DE ISHIKAWA
LA GUERRA DE PALESTINA DE 1948
DOMINA EL ARTE DEL NETWORKING